McGraw-Hill Lectura
Maravillas

CCSS Lectura / Artes del lenguaje

Autores

Jana Echevarria   Gilberto D. Soto

Teresa Mlawer   Josefina V. Tinajero

Mc Graw Hill Education

Bothell, WA • Chicago, IL • Columbus, OH • New York, NY

Cover and Title pages: Nathan Love

www.mheonline.com/lecturamaravillas

Copyright © 2014 McGraw-Hill Education

Send all inquiries to:
McGraw-Hill Education
Two Penn Plaza
New York, New York 10121

ISBN: 978-0-02-125750-8
MHID: 0-02-125750-7

Printed in the United States of America.

1 2 3 4 5 6 7 8 9 RJE 18 17 16 15 14 13

A

Un buen comienzo

Comencemos

La gran idea: ¿Qué tenemos que aprender?

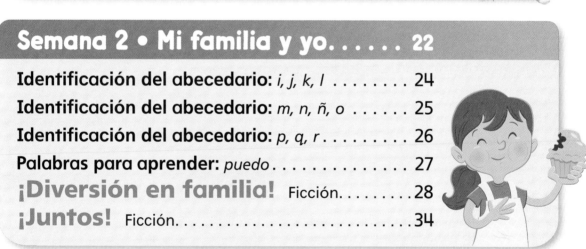

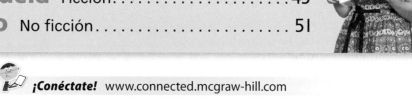

¡Conéctate! www.connected.mcgraw-hill.com

(t) Molly Idle; (c) Katie McDee; (b) Joey Cellis/Flickr/Getty Images

Pregunta esencial

¿Por qué son especiales las personas?

¡Conéctate!

Coméntalo

¿Por qué son especiales estos niños?

COLABORA

¡Míranos!

Aa 	Bb 	Cc 	Dd 	Ee 
Ff 	Gg 	Hh 	Ii 	Jj 
Kk 	Ll 	Mm 	Nn 	Ññ 
Oo 	Pp 	Qq 	Rr 	Ss 
Tt 	Uu 	Vv 	Ww 	Xx 
Yy 	Zz			

Di el nombre de cada letra.

Di el nombre de cada letra.

yo

Yo juego.

Yo patino.

¡Yo soy especial!

Molly Idle

Molly Idle

14

¡Fin!

¡Mírame!

Yo  .

salto

Yo  .

bailo

Yo .

pinto

Yo  .

leo

Yo  .

escribo

Concepto semanal Mi familia y yo

Pregunta esencial
¿Quiénes forman tu familia?

¡Conéctate!

Jack Hollingsworth/Photodisc/Getty Images

Reunión familiar

COLABORA

Coméntalo

¿Quiénes forman esta familia?

23

Di el nombre de cada letra.

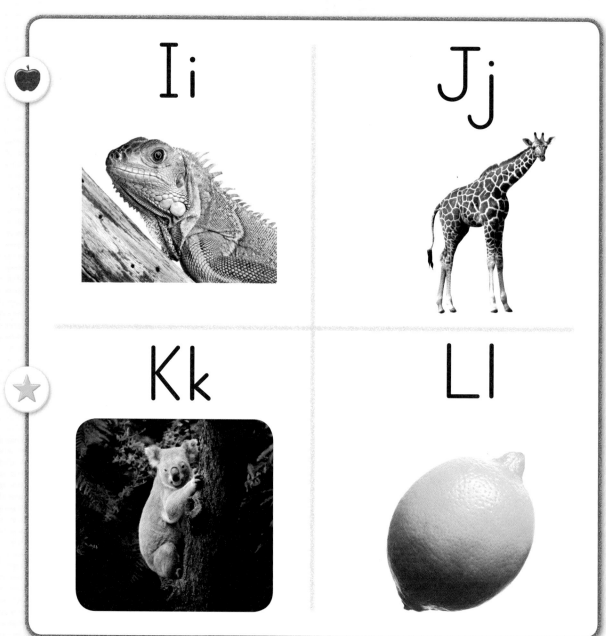

I i

J j

K k

L l

Di el nombre de cada letra.

Mm

Nn

Ññ

Oo

CCSS Fonética

Di el nombre de cada letra.

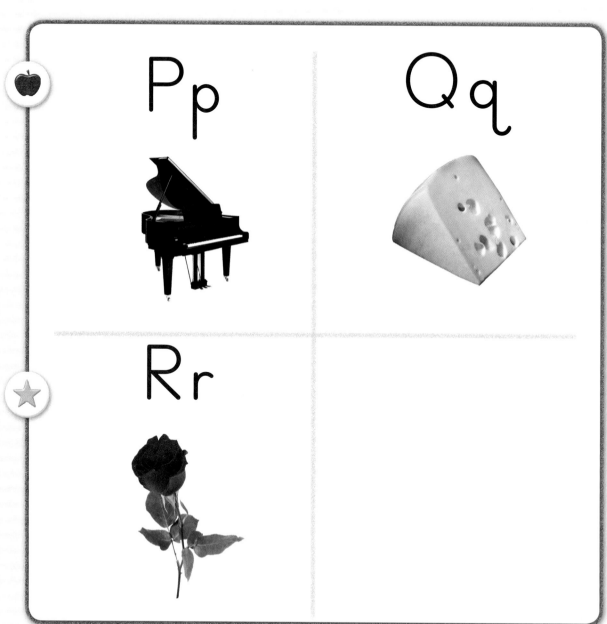

P p

Q q

R r

Leer juntos

puedo

Yo **puedo** andar en bicicleta.

¿ **Puedo** salir?

¡Diversión en familia!

Valeria Cis

¡Juntos!

Katie McDee

Yo **puedo** .

verter

Yo puedo  .

mezclar

Yo puedo .

hornear

37

Yo puedo  .

limpiar

Yo puedo .

comer

Pregunta esencial

¿Qué sabes hacer?

¡Conéctate!

¡Yo puedo hacerlo!

Coméntalo

¿Qué sabe hacer esta niña?

Di el nombre de cada letra.

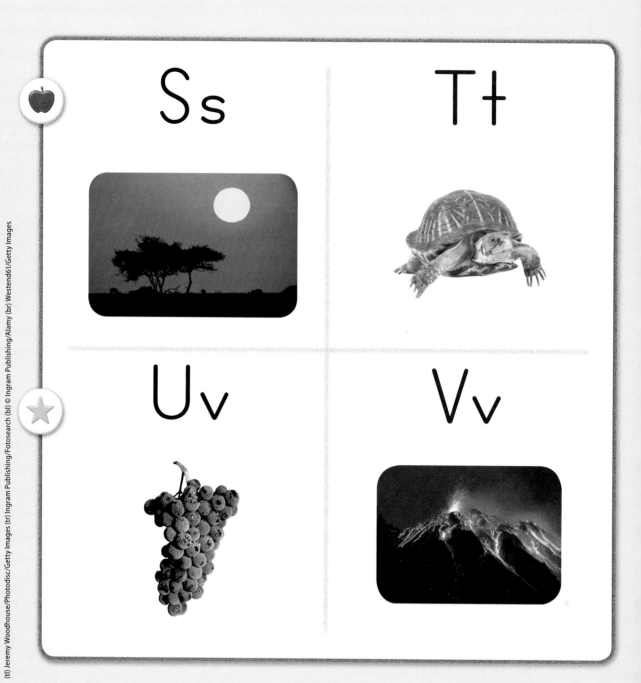

S s

T t

U v

V v

Di el nombre de cada letra.

W w

X x

Y y

Z z

Leer juntos

soy

Yo **soy** granjero.

Yo **soy** amiga de Ana.

En la escuela

CALENDARIO

46

Robin Boyer

Hoy

Gg

49

50

Yo soy yo

Yo puedo  .

patinar

Yo puedo  .

rastrillar

Yo puedo .

pasear

¿Puedo  ?

leer

¡Yo **soy**  !

lista